AF359526

AGVILLON
AVX VRAYS
FRANCOIS, POVR
LA LIBERTE DES
Catholiques.

Apreſtez vous, & vous preparez pour combatre les nations qui s'aſſemblent contre nous pour nous deſtruire & noz ſaincts lieux : Car il vaut mieux que nous mourions en la bataille, que de voir les calamitez de noſtre nation & des ſaincts lieux. 1. Machab. 3.

M. D. LXXXIX.

NE PENSEZ POINT QVE

IE SOYE VENV METTRE LA PAIX

en la terre, ie ne suis point venu mettre la paix,
mais le glaiue, ie suis venu mettre dissention entre
l'homme & son pere, la fille contre sa mere, & la
belle fille contre sa belle mere &c. Mat. 10.

TRESAIMEZ en no-
stre sauueur Iesuchrist, en
tédez sa parole & la met-
tez en execution, le voila
qui nous annóce & apor-
te vne diuisió, le pere con
tre le fils, le fils contre le
pere, la mere contre sa
fille, & la fille contre sa mere, freres contre freres,
Royaume contre Royaume, & par toutes les nations de la terre pour l'amour de son sainct nom.
Nous ne deuons auoir aucune conuention ny
societé auec qui ce soit, combien qu'il feust mile
fois nostre pere si faire se pouuoit, s'il est heretique & n'est des enfans de Iesus Christ, car à bien
considerer nous ne tenons rien de personne à
comparaison de Dieu, vray pere & createur du
monde, lequel commande auoir en horreur &
inimitié perpetuelle les heretiques abortifs de
sathã: l'homme aura en hayne son pere & sa mere
heretiques pour l'amour deluy, &les domestiques
de l'homme seront ses ennemis. L'apostre dit,
toutes personnes soiét suiettes aux puissances su-
perieures, car il n'y a point de puissances sinón de
parDieu: mais c'est pour en vser à bien, non point

Diuision en-
tre les Catho-
liques & les
heretiques.

Le Catholi-
que ne doit a-
uoir aucune
conuentió ny
societé, ains
inimitié per-
petuelle auec
les heretiques
abortifs de
Sathan.

L'homme au-
ra en haine
son pere &
sa mere here-
tiques pour

l'amour de
Dieu.
M. 10.
Rom. 13.
Les puissan-
ces sont don-
nees de Dieu
pour en bien
vser auec iu-
stice.

à mal : car il dit incontinant apres, les princes ne
sont point à craindre pour les bonnes œuures
mais pour les mauuaises, demonstrant que la puis
sance des princes & superieurs ne se doit estendre
& exercer qu'auec iustice enuers les meschans,
que s'ils vouloient commander choses iniustes
& cõtreuenãtes aux commandemẽs de Dieu, l'o-
beissance ne leur est plus duë, & ne les faut craindre de faire de bonnes œuures entant que la puis
sance ne leur estoit donnee pour en vser mal, &
toutes & quantesfois qu'il est question de l'honneur de Dieu & du salut des ames, il n'y a plus de
preeminence de superiorité, de respect d'amitié,
ny de crainte qui nous doiue retenir d'en faire
nostre deuoir. Il se faut esleuer contre toutes les
puissances du monde & de l'enfer & les renuerser.
C'est bien fait de faire le deuoir de pere enuers
ses enfans & les enfans enuers leurs pere &
mere, les seruiteurs enuers leurs seigneurs, & chacun les vns enuers les autres, en ce que le deuoir
le requiert nous y sommes tous obligez, pour-
ueu que Dieu n'y soit offensé, mais mieux vaut
estre agreable à Dieu que complaire aux hõmes:
c'est luy qui est nostre Dieu & nostre pere qui
nous a creé & toute chose pour nous, qui nous
a racheté, & est mort pour nous, qui nous main
tiẽt, & nous sauuera s'il luy plaist: que luy retri-
buerons-nous pour tant de biens qu'il nous fait?
si luy dõnons noz biens, ils sont desia à luy, si luy
donnons nos corps, ils sont à luy : si luy donnons
nos ames, elles sont à luy & toutes choses sont à
luy, que luy dõnerons nous, nous ne luy sçauriõs

donner rien de meilleur & plus agreable que nos
cœurs & noz volontez, luy chantions louange &
gloire, & le faisions seruir & adorer par toute la
terre sans crainte & respect de personne: c'est luy
qui a donné la generation à noz peres de la quelle nous sommes engédrez & les puissances à noz
superieurs, & comme il n'a esgard à l'apparence
des persónes pour departir ses graces, ains à ceux
qui font sa volonté, aussi ne veut-il qu'ayons respect, de qui que ce soit, lors qu'il est question de
son honneur, sinon deluy seulement, auquel sommes redeuables de tout ce que nous auons.
L'ingratitude du bien receu rend l'hóme inhabile d'en receuoir iamais d'autre, partant ne soyons
ingrats enuers luy de tant de biens & le louons &
gardons son honneur de cueur & d'affection, si
voulons qu'il nous ayde d'auantage, ce nous sera
vne grande ingratitude si ne nous mettons tous
en deffence pour sa querelle, veu qu'il est mort
volontairemét & gratuitemét pour nous. Que si
quelqu'vn a pere ou mere, enfans ou autres parés
qui se soiét esgarez du bon chemin, qu'il face son
deuoir de les ramener par douceur & beneuoléce
s'il est possible, Dieu luy en sçaura meilleur gré, &
celuy qui gaignera vne de ces ames, gaignera beau
coup plus que s'il cóquestoit vn grád royaume: s'il
ne vueulét croire, retirós nous d'auec eux & qu'ils
nous soient comme ethniques, payés, barbares &
ennemis de Dieu, car l'hóme de bien ne doit auoir
aucune parenté, amitié ny familiarité auec les meschás heretiques ny auec les faux freres hypocrites &
atheistes, celuy n'est point vrayemét hóme de bien

qui ne deteste les meschans, ny Chatholique, qui n'abhorre l'heretique. Iacob ne craignit point quand pour obeir à la voix de sa mere, il souftrait la benediction de son frere contre la volonté de son pere: neantmoins la benediction luy demeura. Cela no⁹ admoneste que nous ne deuós craindre ny pere, ny mere, ny personne quelconque pour cercher la benediction & la grace de Dieu, & ne deuons craindre pour la malediction de Dieu, d'obeir à tout ce que nous commandera nostre mere l'Eglise: s'il en aduient quelque incident, elle prend la malediction sur soy, & la benediction nous demeurera. C'est le propre de la mere d'appaiser & addoucir l'ire du pere, ne craignons point nos parens pour obeir aux commandemens de Dieu, & de son Eglise. Le pere ne portera point le peché pour son fils, ny le fils pour son pere, ny le seigneur pour son seruiteur: mais celuy qui aura peché, portera la peine de son peché: parquoy nos parens & nos superieurs ne portét noz fautes, nous ne deuons encourir la malediction de Dieu, & la damnation eternelle pour eux: le plus grand secours que leurs sçaurions donner est de les chasser & les delaisser après les auoir admonestez, & ne les plus frequenter s'ils ne s'amendét: car lors qu'ils se verront abandonnez de tout secours diuin & humain, & qu'ils sentiront l'ire de Dieu tomber sur leurs testes, alors ils recourront à luy, & requerront pardon & misericorde.

L'homme n'a rien en ce monde de plus precieux que sa vie, auquel il est cómandé de Dieu de l'employer pour soustenir son honneur: à plus forte

raiſon nous ny deuons eſpargner ny regreter les
choſes qui ſont moindres & quaſi de nulle valleur,
comme les richeſſes, les plaiſirs & delices, ny pre-
ferer la grandeur & l'amitié d'aucun à ſon amour,
nous le deuons aymer, craindre & reſpecter par
deſſus toutes creatures comme noſtre Createur,
Redempteur & Sauueur, lequel comme bon Pere
de famille ne veut que ſes enfans conuerſent au-
cunement auec les meſchans, de peur qu'ils ne ſe
perdent: pourquoy regarde tu les deſloyaux, & *Habac. c. 1.*
pourquoy te tais-tu quand le meſchant deuore
celuy qui eſt plus iuſte que ſoy: ie ne ſeray plus
auec vous, ſi vous n'exterminez l'execration du mi- *Ioſue 7.*
lieu de vous, dit le Seigneur. La principalle occaſion pour laquelle nous ſommes affligez, ſoit
par hereſie, par tyrannie, par famine, par peſte, par
guerre, & toutes autres afflictions particulieres,
vient pour ce ſeul regard que nous ſouffrons, &
non ſeullement ſouffrons, mais auſſi permettons
les meſchans blaſphemer en toute irreuerence &
iniuſtice le ſaint nom de Dieu deuant nos yeux:
authoriſons, donnons confort, & fauoriſons en
leurs meſchancetez ſans aucune reſiſtance ny
contradiction, & ce parce qu'ils ſont parens de
quelcun de nous, qui fait que Dieu permet qu'ils
exercent & exerceront leurs tyrannies ſur nous
tant & ſi longuement que nous les ſouffrirons.
Si aucun nous met en ſeruitude, ſi aucun nous
mange, ſi aucun nous rauit le noſtre, ſi aucun s'e-
leue ſur nous pour nous ruyner, ſi aucun nous
frappe au viſage & nous outrage, & ſi aucũ nous
veut oſter noſtre religion & noſtre ancienne li-

berté, nous l'endurōs par noſtre laſcheté de cœur
& coüardiſe, & n'auons ſoing ny de l'honneur de
Dieu ny de noſtre ſalut, auſſi ne ſeroit-il reſonna-
ble que Dieu fuſt ſoigneux de nous, & nous deli-
uraſt de la main des meſchans, puiſque nous
meſmes nous leur donnons le baſton pour nous
batre, & qu'il nous aydaſt, puis qne nous-meſmes
ne nous voulons ayder. La loy veut que celuy qui
eſt occaſion du mal, ſoit puny de meſme peine
que celuy qui le fait: car c'eſt vne meſme choſe faire mal & conſentir au mal, & celuy qui ſuporte &
adhere au meſchant, luy & le meſchant ne ſont
qu'vn, parquoy nous ne nous deuōs eſmerueiller
ſi par permiſſion diuine nous ſōmes affligez auec
les meſchans, veu que nous les auons ſupportez
côtre la cauſe de Dieu & en leurs meſchācetez: ſi
voulons que Dieu retire ſon fleau de deſſus nous,
oſtons les d'auec nous, car ils attirēt l'ire de Dieu
apres eux, celuy qui les frequentera, cherra & ne
ſera pris pour innocent. Aprenez l'hiſtoire tragi-
que d'vn ieune enfant lequel s'en allāt en voyage
loingtain fut attrapé par des brigāds, qui diſoiét
aller ſon chemin, & s'accompagna d'eux ne ſçachant qu'ils fuſſent tels, & comme ils furent arriuez le ſoir au logis & ſoupoient tous enſemble,
voicy aborder vn preuoſt qui pourſuyuoit ces
brigāds pour auoir tué le fils du gouuerneur d'v-
ne ville où ils auoiét paſſé le iour de deuāt, lequel
les emmena tous liez & garrotez, & ſi toſt qu'ils
furent arriuez à la ville, leur proces fut fait, & furent condamnez tous à la mort, ce iouuenceau
bien eſtonné de ceſte horrible ſentéce, remonſtre
ſon inno-

son innocence & demande son renuoy, difant ie
fuis innocent de ces chofes, & ne fey iamais tort à
perfonne, ains au contraire ay fait tous les plai-
firs qu'il m'a efté poffible à toute forte de gens, &
allegoit tous fes biens-faicts, fi i'eftois (difoit il)
larron, brigãd, voleur, homicide & mefchãt homme comme ceux là, ie prendrois la mort en gré
pour mes pechez, mais ie ne fus oncque tel, parquoy, ie vous fupplie me donner la vie, les iuges
irritez de la mort du fils de leur gouuerneur, ne le
voulurent efcouter, ains luy feirent refponce, tu
pourrois auoir fait dix fois autant de biens que
tu as fait, que tout cela ne te fauuera pas, par ce
que tu as efté trouué beuuãt & mangeant de com
pagnie auec les mefchans, auec les mefchans tu
mourras, & mourut fans autre forme de proces. Or nous ne fómes pas auiourd'huy en l'Innocence de ce Ieune enfant, nous n'ignorons point
quelles font les compagnies que nous frequen-
tons, ny que les heretiques ont foulé aux pieds,
fait defchirer aux chiens, boully en l'huille & man
ger aux cheuaux, & fait toutes les ignominies
qu'ils ont peu faire au precieux corps du fauueur
du monde, fils de noftre Dieu & noftre createur,
ils ont bruflé fes Eglifes, pillé fes vaiffeaux facrez,
crucifié fes preftres & fes feruiteurs, ils ont violé
fes vierges, faccagé fon peuple & fait toutes les
mefchancetez qu'ils ont peu excogiter, fi la puif-
fante main de Dieu nous rencontre en fa fureur
beuuant, mangeãt, familiarifant auec eux & les fa-
uorifant, elle nous foudroyera tous enfemble, par
tant que chacun prenne garde aux compagnies

qu'il hante maintenant, que nous voyons que Dieu est tout prest à exterminer les meschás, ceux qui volontairement se rengeront de leur party & les frequenteront, periront auec eux: ce n'est assez d'aller à la Messe, & viure en repos sans faire tort à personne, mais aussi il faut reietter le mal & les meschans, & embrasser la guerre de Iesus Christ. Celuy qui n'est auec moy, est contre moy, & qui n'assemble auec moy, il espard, il n'a pas dit seulemēt si vous faictes de bonnes œuures, vous serez sauuez, mais aussi qui ne prend sa croix & ne vient apres moy, il n'est pas digne de moy, qui gardera sa vie il la perdra, & qui la perdra pour l'amour de moy, il la gardera: ce n'est donc assez d'estre politique, hypocrite & tepide en la foy, pour faire son salut, ains ne faut espargner sa vie pour soustenir l'honneur de son sauueur, il ne reçoit point d'excuse, d'hypocrisie, ny de tepidité, ains veut que chacun embrasse sa querelle de cœur & d'affection, sans dissimulation & sans respect. Il cognoist le cœur double, l'incõstant & le couard, & ne leur sera point pardóné: qui cuyde fuir, n'eschapera pas, & qui cuyde eschaper, ne sera pas sauué. Celuy certes ne craint rien duquel l'ame n'estant coupable, suit la volonté de Dieu, qui guide tout conseil à bonne fin.

Si nous considerons de pres la vie de nostre sauueur Iesus Christ, nous trouuerons que toutes les bonnes œuures qu'il a faictes n'ont esté suffisantes pour nous rachepter de damnation, & que volontairement il a souffert la mort lors qu'il a esté question de nostre salut, aussi pour neant faisons

nous de bonnes œuures , quand il eſt queſtion de
ſouſtenir l'hôneur de Dieu, nous le quittôs au beſoin & ne nous offrôs frâchemét à la mortpour
l'amour de luy, côme il ſy eſt offert pour l'amour
de nous , & côme il nous commande, non pource qu'il ayt beſoin de noſtre ayde, car quâd nous
nous ſerions tous departis & eſleuez contre luy,il
n'aura pourtant affaire d'ayde ny de ſecours,&eſt
aſſez puiſſant pour renuerſer le monde d'vn clin
d'œil, & en vn moment en creer vn autre, pur &
net. Mais noſtre repos & noſtre ſalut eſtant attachez à ſon honneur, il eſt raiſonnable que nous
mettions peine à le conſeruer,tant pour l'obligation & reſpect que nous luy deuons,que pour noſtre profit, & ce faiſant il liurera ſes ennemis &
noſtres entre nos mains,& nous dônera plus que
ne luy demandons. Nous voyons que pour peu
qu'ayons affectiôné ſon ſeruice, combien il nous
a donné d'auâtage ſur nos ennemis, ſi nous nous
accroiſſons & de deuotion & de courage,nous en
verrons bien toſt la fin. Ie ne ſuis point d'aduis &
n'eſt plus temps de nous laiſſer martyrizer côme
les ſaints martyrs du temps iadis lors que le monde viuoit en tenebres & n'auoit encor cogneu la
vraye lumiere qui illumine les hommes, car pour
la nouueauté de ceſte grande lumiere, il n'y auoit
plus expedient moyen pour illuminer les aueu-
gles nez conceuz & enfantez au millieu des tenebres, qui pechoient par ignorance, penſant bien
faire, ny de planter l'Egliſe que par le ſang des
Martyrs, par le moyen duquel ils ont cogneu la
verité & ont eſté ſau uez. Mais maintenant qu'il

n'y a plus de doute en noſtre foy, & que les meſchás deſpoulliez de toute humanité pechent par
certaine malice, oſant nyer impudemment la pu-
ré parole de Ieſuchriſt qui a eſté touſiours crue en
l'Egliſe depuis le temps des Apoſtres iuſques à
preſent: le martyr n'eſt plus ſuffiſant pour les ramener, car ils ont inuenté expreſſement telles er-
reurs & faucetez pour penſer ſ'emparer de la couronne & viure en toute liberté de mal faire, abo-
liſſant noſtre Religion, pour nous deſpouiller de
nos biens, & non pour affection qu'ils euſſent
d'embraſſer aucune religion.

Les choſes qui ſe font auec plus de ſageſſe, ſe font
à l'hōneur de Dieu au plus grand proffit & moins
de domage que faire ce peut. Ce ne ſeroit ſageſſe
ny bien fait à nous d'eſpandre noſtre ſang en vain
& inutilement, ſe laiſſant couper la gorge comme
poulets, le pouuant euiter, trop bien quand nous
ſerons apprehendez & n'y aura moyen d'eſchap-
per, lors il faut ſouffrir la mort patiemment plus
toſt que trangreſſer vn ſeul jota des commandemens de Dieu, mais autrement il eſt beaucoup
plus expediét de mourir pour ſouſtenir la querelle de Dieu, & pour exterminer les meſchás & obſtinez, n'ayāt moyen de viure en repos & ſeureté
aupres d'eux: nous auons eſté par trop prodigues
de noſtre ſang. L'homme ne ſeroit reputé ſage lequel ayant la main ſur ſon ennemy le laiſſeroit
euader, ſçachant bien que par apres il en deuroit
receuoir la mort: auſſi eſtans aſſeurez que les heretiques noz ennemis ne ſe corrigeront pour les
laiſſer en repos, ains ne çeſſeront de conſpirer

contre nous, qu'ils ne nous ayent faccagez, Dieu
nous donnant la main fur eux, ce ne feroit fage-
mēt fait à nous de les laiffer efchaper pour en receuoir noftre ruyne, nous femblerions mefprifer
fon ayde & fon fecours. Ne nous arreftons plus
aux paroles trahiftreffes du politique, heretique
& atheifte couuert, qui n'a point de religion én
fon ame,ny de fentiment de Dieu, lequel pour fe
maintenir & aggrandir, fouhaite vn Prince tyran
& impie, & foubs faux pretexte fe coule parmy
nous, difant qu'il n'a que faire de noife ny de dif-
puté, & que ce n'eft auxpetits fe mefler des affaires des grands, & que c'eft ambition qui regne au
cœur des princes Catholiques, & que quand il y
aura vn Roy heretique, qu'il ne lairra de viure en
fa religió, ce font propos d'atheiftes & de trahiftre
rufé, c'eft afin que nous delaiffions la querelle de
Dieu & que les tyrans f'emparent de nous. Chaf-
fons les cóme Sathá, il n'y a homme, tant barbare foit-il qui ne defire pluftoft vn prince qui foit
de fon humeur & façon de viure, qu'vn qui n'en
foit pas, & vn bon qu'vn tirá, ny ne fe trouuera au
cun vray Catholique qui vouluft fouffrir ny receuoir vn roy autre que Catholique. Peu fouuét
le larron dit la iuftice (qui le condamne à la mort)
eftre bonne, ains inique, combien qu'il ayt merité mil fois la mort: de mefme fait le trahiftre &
defloyal politique, fi Dieu enuoyoit vn Ange du
Ciel pour exterminer les mefchans, au nombre
defquels il tient le premier rang, il trouueroit
toufiours que blafphemer & que mefdire contre
luy, pour fe preualoir & maintenir fon larcin, car

B iij

c’eſtſa ruyne que d’auoir vn bõ roy qui face crain
dre Dieu, & qui ayme iuſtice : il fait ſēblant de n’a-
uoir ſoing de ces choſes & en derriere donne ſecours d’argent & de conſeil à l’ennemy, il met en
auant que c’eſt pour l’Eſtat, & taſche à ſupprimer
la religion, ce n’eſt point acte de Catholique, ains
d’vn heretique trahiſtre & deſloyal. La queſtion
n’eſt point pour l’eſtat, ſinon pour la manutentiõ
de la religiõ & du repos public, que ſi l’Eſtat auoit
eſté en proye & que l’on fit la guerre, Catholique
contre Catholique, il y auroit de l’apparéce que
ce ſeroit l’ambition qui cauſeroit la guerre : mais
ny l’eſtat eſt en proye (car Dieu nous garde encor
vn bon Prince auquel la couronne apartient &
de droict & de merite) ny le Catholique fait la
guerre au Catholique, ains aux heretiques excom-
muniez & reprouuez, ſoubs le nõbre deſquels eſt
compris le trahiſtre politique, & ſon hypocriſie
ne l’en peut ſauuer, les Catholiques ne demandēt
ny l’eſtat ny aucune choſe particuliere, ains l’hon
neur de Dieu, l’extirpation des hereſies, le repos
public en toutes choſes iuſtes & bonnes ſelon
Dieu & ſelon raiſon, combien que les meſchans
diſent du contraire & les accuſent faucement des
mechanſetez deſquelles ils ſe penſent preualoir.
Or pour couper le fil à toutes fauces obiections
que les vns & les autres pourroient mettre en a-
uãt pour nous diuertir de noſtre deuoir, ſoit qu’il
y euſt de l’ambition en ces choſes (cõme à la verité il n’y en a point ſi l’õ ne veut appeller le zele de
Dieu ambition) ſoit qu’il n’y euſt prince du ſang
pour ſucceder à la couronne que l’heretique,

& toutes autres choses qu'ils voudront alleguer,
l'heretique en ce qu'il est heretique, est illegitime,
incapable & inhabile de succeder à aucune succes
sion des Catholiques, & digne de la mort & de la
gehaine d'enfer, selon les loix diuines & humaines.
Tant s'en faut que la couronne treschrestiéne luy
soit duë : pour exclure toutes raisons humaines,
il est commandé de Dieu de prendre vn Roy de
sa religió, tu cóstitueras sur toy vn Roy du milieu
de tes freres, & deffendu expressemét d'é receuoir
d'autre. Tu ne pourras constituer sur toy vn homme qui ne soit ton frere : tu ne pourras dit il, auec
vn commandement negatif & d'impossibilité. Il
ne faut point frauder l'intention de l'escriture
& la parole de Dieu par fauces interpretations:
ceste ordonnance est donnee pour le fait de la religion & non point pour le grade des personnes,
afin que la religió de Dieu soit tousiours entrete-
nue, que s'il aduenoit autrement, les republiques
ne seroient de duree, & la loy de Dieu n'auroit
point de lieu : par ce que les grands sont faciles à
estre corrompus par les vices, ne demandans que
regner & viure à leur plaisir, sans se soucier de
l'honneur de Dieu, & toute heresie estant vitieuse,
libertine & mescháte, est promptemét receue d'i-
ceux, puis le Roy est il peruerty, il corrompt tout
son Royaume. Ce n'est point le pied qui conduit
l'œil, ains l'œil le pied, ce n'est point la main qui
nourrit la bouche, ains la bouche nourrit la main:
ce n'est point le corps qui gouuerne le chef, ains
le chef qui dresse le corps cóme & où bó luy sem-
ble, que si le chef est affligé, tous les membres s'en

reſſentent : ſçauez vous pas ſi n'auez qu'vne dent
malade, vous n'auez ny repos ny ioye par tout le
reſte du corps ? que pourriez vous faire ſi toute la
teſte eſtoit pourrie, infecte & puante, ne condui-
roit elle pas le corps tout auſſi toſt à la mort ? cer-
tainement il n'en faut point douter. Voyez donc
quel proffit pourroit aduenir de ſuyure le conſeil
des trahiſtres politiques, & receuoir vn heretique
pour Roy deſia enſeuely aux enfers tout puant &
pourry de vices & d'ordures, & à demy-mágé des
vers infernaux, que ſi nous nous ſentons greuez
de porter le iouc d'vn Roy qui ſe dit treſchreſtié,
que pourrions nous eſtre de porter la cruelle tyrannie d'vn heretique barbare & inhumain, que
ſi les mariages de tyrás nous ont ruyné, que pourrions nous eſtre de la guerre que lon nous feroit,
que ſi les dances & balets no' ont fait plorer, que
feroient les verges & les eſpees des cruels bourreaux, que ſi perdós à regret la Meſſe, les feſtes &
dimáches : que ditós nous quád l'on nous oſteroit
entierémét noſtre religion, & faudroit adorer ſathan nous & nos enfans ? que ſi ne pouuons ſouffrir le rauiſſement de nos biens, que dirions nous
quand l'on nous oſteroit la vie ? alors nous auriós
bien dequoy nous complaindre & nous lamen-
ter, il vaut donc mieux auoir vn bon roy qui no'
mette en paix, que d'en auoir vn heretique &
tyran, qui nous oſtaſt nos biens, noſtre religiõ &
à la fin la vie : ie ne dy point cecy penſant qu'il ſe
trouue encore aucun Catholique qui vouluſt
ſouïller ſa penſee de la reception d'vn roy heretique, mais pour nous exciter d'auãtage à renuerſer les

fer les efforts de ces trahiftres politiques qui fe
trauaillent de l'emparer du Royaume & le faire
Roy, foit par force foit par rufe, malgré que nous
en ayons. Donnons nous de garde de leur main,
il ne fera plus temps d'y aduifer lors qu'ils nous
aurõt empoifonnez de leur venin, & nous auront
frappé a la mort. Ne faifons comme l'infenfé qui
n'apprehende point fa maladie iufques à ce qu'il
fente la douleur qui l'opreffe, & que bien fouuét
il n'y a plus de remede : ains imitons le fage qui
preuoit de loing, & remedie de bonne heure aux
dangers futurs. Nul peut fans grande lafcheté &
trahifon horrible contre Dieu & fa patrie fe fepa-
rer par vain foupçon & deffiance des bons Catholiques, n'attendons pas ie vous fupplie à nous
aduifer apres le coup, ains pluftoft recueillons ce
fruict des miferes de nos voifins, de peur que ne
tombions en vn tel mal'heur. Que la conuerfion
d'vn heretique qui ne fe conuertira iamais, & la
perfuafion & trahifon d'vn atheifte ne nous fa-
cent mettre vn million d'ames en peril. Il n'eft
plus temps de parler d'accords, de mãfuetude ny
de paix auec eux : ce feroit ramener le coufteaufur
nos teftes plus cruellement qu'il ne fut iamais, il
en faut deftraper la place, fans y aller à deux fois,
pour vn heretique qui fe conuertira, vn autre perdra cinq cés pauures ames Catholiques, l'on leur
a donné du temps trop, & tout ce qu'ils ont de-
mandé pour leur conuerfion, & ne fe font con-
uertis, ains ont toufiours recommencé la guerre,
& ont rompu les accords de paix & de treues
eshontément fans aucun refpect ny de Dieu, ny

C

du monde pour nous saccager s'ils l'euſſent peu
faire.Croyez que celuy qui a perdu la crainte de
Dieu & la honte du monde,ne ſe gaignera iamais
par raiſon.Le lyon demeure touſiours lyõ,& d'vn
buiſon l'on n'en fera iamais vn faucon. Perſonne
n'a accouſtumé de bien eſperer des choſes meſ-
chantes ſinon l'inocent : auſſi fault il que croyõs
qu'on ne fera iamais rien qui vaille d'vn heretique obſtiné & inueteré en ſon mal : nous ne deuons eſtre ignorans que par noſtre laſcheté & pu-
ſilannmité nous auons perdu vn nõbre infini d'a-
mes que pouuions garentir . Il ſemble qu'ayons
voulu imiter la ſimple femme laquelle aueuglee
d'auarice bruſlera vne chãdelle d'vn ſoulz à chercher vne epingle de nulle valeur,& apres auoir
long temps cherché , en fin elle ne trouue rien & a
perdu ſon tẽps,ſa peine & ſa chandelle : auſſi nous
faiſons cas de perdre l'ame dannee d'vn heretique
deſia encuelie aux enfers,& ne mettons en compte la grãde multitude de noz freres catholiques
qu'ilz nous ont rauy & rauiſſent tous les iours,&
en fin nons perdõs tout. Ce n'eſt ſageſſe de quitter
le certain pour l'incertain & l'aſſeurance pour v-
ne vaine eſperance , ie dy de laiſſer perdre les Catholiques ſoubz l'eſperance que l'heretique ſe cõ
uertira. Si vn heretique eſt homicide, larrõ, ſacri-
lege,ſacramẽtaire & meſchant come ilz ſont tous,
eſt il raiſonnable luy pardonner ſoubz le pretexte
de ne vouloir perdre ſon ame : ce ſeroit occaſion
à tous les meſchans de ſe faire heretiques pour e-
ſtre priuilegez de mal faire,& touſiours cõtinuer
en leurs meſchancetez, ilz ont tous merité la mort

infinies fois, perſonne n'en doubte, & ſont touſiours de pis en pis: c'eſt trop attédu à nous d'auoir
attendu iuſques à preſent ſans les auoir moleſtez.
ſi les euſſiós mis a mort il y a trente ans, no' n'euſ-
ſions eu tant a faire & ne fuſſiós en la peine où no'
ſommes pour le iourdhuy, & tant d'ames ne fuſſét
deſcendues aux enfers. Or l'heure eſt venue qu'il
fault ou qu'ilz prénent fin, ou que nous leurs ſuc-
cóbiós, c'eſt a ce coup qu'il ſe fault reſouldre ſi iamais l'auons eſté, ſi nous les faillons, ilz ne no' fau
dront pas, puis que l'occaſió s'eſt preſentee, n'attendons plus d'autre ſommation, car qui reiette
l'occaſion & ne s'en faiſyt quand elle s'offre, ſou-
uent apres en ſon mal'heur, il la ſupplie & deſire
en vain. La neceſſité nous contrainct, & le temps
s'en va tant qu'il peut, que ſi attendons le moins
du monde d'auátage, nous n'y recouurirons plus,
vn taire nous trompe, vn conſeil nous deçoit, &
vne trop longue patience nous conſomme, partant haſtons nous de les ſuffoquer ſans plus regar
der derriere, nous ne pouuons plus commencer
trop tòſt, la patience & le delay ne ſont plus pro-
pres à ce mal, comme nous les appliquons, ains y
mettent le feu & l'allument, il y faut mettre le fer
& le feu, ou autrement nous ne ſerons iamais
guerys de ceſte vlcere inueteree & pourrie.
Ie ne meſpriſe point la patience, ains à la miéne
que tous entendiſſions que c'eſt, & comme il en
faut vſer : mais i'eſtime vne grande ſimplicité à
nous que nous en abuſons & attribuons noſtre
couardiſe, & noz fautes à vne patience. Ce n'eſt
pas patience de voir ſon mal, & tenir ſon remede

entre ſes mains ſans l'appliquer, c'eſt folie: la patience doit eſtre és choſes qui ſont hors de remede. Nous voyõs nos ennemis heretiques & atheiſtes couuers nous outrager & oppreſſer de toutes
parts, & auons le moyen de nous deliurer de leur
outrance, & nous leurs permettõs par noſtre ſim-
plece, ils nous crucifient tous les iours & nous
preſchent patience en deriſion de noſtre couardiſe, & nous les croyõs. C'eſt l'office d'vn couard
& puſilanime de ſouffrir que la malice de ſon ad-
uerſaire abuſe de ſa patience. La patiéce doit eſtre
pour vn bien, & non pour vn mal: comme la patience des martyrs, laquelle eſt vtile & louable
parce qu'elle eſtoit pour planter l'Euangile: mais
la noſtre eſt pour la deſraciner: telle patience doit
eſtre appellee laſcheté & couardiſe deuant Dieu.
Ce n'eſt patience de mourir pour ſes fautes, mais
bien pour ſouſtenir la verité & l'hõneur de Dieu,
ny de ſe laiſſer couper la gorge en ſon lict, & en
ſa maiſon ſans proufit, le beuf & le mouton en
font bien autant, ſi par la patience & le martyr les
ennemis de Dieu ſe conuertiſſoient, ie ſerois con
tant de ſouffrir des premiers : mais voyons qu'a
proffité le ſang de tant de milliers de Martyrs que
ceſte monſtrueuſe diableſſe d'enfer la Geſabel
d'Angleterre, a fait & fait eſpendre tous les iours
par toutes ſes villes & pays : il n'a de rien profité
que pour eux, pour toutes les afflictions qu'ayõs
patienté, nous ne trouuerõs pas vn ſeul heretique
qui ſe ſoit amandé : ils ſçauent bien ce qu'ils
font, & ne ſont ignorans de leur mal, né voullans
rien valoir. Il n'eſt plus bon d'y proceder par vne

patience lente, comme auec des ignorans & abu-
ſez, ains auec force & rigueur, comme auec brigands & meſchans obſtinez en toute meſchāceté.
Le moyen d'y proceder dorenauāt & la plus belle
patience que nous y deuons & puiſſions apporter
auec le plus grād profit & moins de perte des bōs,
eſt d'embraſſer noſtre croix, combatre & ſouſtenir
conſtamment la querelle de Ieſuchriſt, iuſques à la
derniere goute de noſtre ſang: ſupportant patiemment toutes les aduerſitez que l'on y peut ſouffrir,
ſans plus permettre que l'honneur de Dieu ſoit
contemné & foulé aux piedz, & ſi en faiſons au-
tremēt, noſtre patience & noſtre zele eſt indiſcret,
inutile & dommageable: prenons donc le frein aux
dens, & mettons tous la main à l'œuure ſans nous
attendre à autruy.

Ne donnez point la choſe ſainᵈte aux chiens, &
ne ieᵈtez vos perles deuant les pieds des por-
ceaux, de peur qu'ils ne les foulent aux pieds, & ſe
retournans ne vous deſchirent, ne cōmettons noſtre religion, noſtre ſalut & noſtre repos aux tyrans
de la terre & grands du monde, qui meinent vne
vie de chien, de porc & de loup rauiſſant, de peur
qu'ils ne les meſpriſent & s'en mocquent & nous
trahiſſans ſe ruent ſur nous, & nous ſaccagent: ſou-
uenez vous que les loups ne ſe mangēt iamais les
vns les autres, ains deuorent la brebis innocente.
Aſſemblōns nous tous au nom de Ieſuchriſt & re-
ceuons ceux qu'il nous donnera & qu'il a choiſis
pour reſtituer ſa ſainᵈte religion, ſa paix & Iuſtice,
nous les cognoiſtrons à ce qu'ils chercheront non
point leur grādeur & leur gloire, ains celle de Dieu.

Sçauez vous pas, que quand Dieu voulut tirer son peuple de la captiuité & tyrannie de Pharaõ, apres qu'il se fut escrit. Il ne suscita vn grand Roy, ny vn grand Seigneur, ains Moyse simple berger, lequel le deliura de seruitude, non point auec Canons, Lances, & autres glaiues, ny auec vne puissante armee, ains luy seul auec vne petite baguette en sa main, renuersa tout l'ost de Pharaon, & tira le peuple de Dieu hors de la terre d'Egypte, quand Dieu le voulut deliurer de la main des Madianites. Il choisit vn des petits d'entre le peuple qui estoit Gedeon, vne autrefois le voulant deliurer de l'oprobre des Philistins, il se voulut seruir de Dauid petit garçonnet & non de Saul Roy du peuple.

Or puis qu'il a pleu à Dieu, de reprouuer les desloyaux & les meschans, & choisir les princes Catholiques pour les exterminer, & deliurer son peuple de tyrannie & seruitude, nous ne deuons faire difficulté de les receuoir & embrasser auec toute douceur & beneuolence comme les lieutenans, eleuz & deputez de par luy, pour le restablissement de son honneur & de sa Iustice. Soyons asseurez, que la multitude des meschãs ne nous face peur. Dieu & la verité sont pour nous, & sommes assez forts pour renuerser toutes les forces de Sathan, si nos pechez n'empeschent.

Nous sçauons que Dieu nous a tiré de plus grãds perils & promet nous assister moyennant que demeurions fermes & resolus pour sa cause. N'ayons egard aux dissentions des grands de la terre, qui tuent & foulent aux pieds les Iustes & les debonnaires, ains à ce qui est de l'honneur de Dieu, de

noſtre ſalut & du repos public. Dieu ne nous demandera pas compte de l'eſtat, c'eſt luy qui côſti-
tüe les Roys , & erige les princes, comme bon
luy ſemble, & donne les Royaumes a qui il luy
plaiſt. Mais il nous demandera compte de ſa Religion, & des ames qui ſe ſeront perdues par noſtre faute, lacheté & pareſſe. Il a donné la religion
à noz peres leſquels la nous ont côſeruee & main
tenue iuſques à preſent, & pluſieurs y ont eſpen-
du leur ſang, & ſouffert le martyr pour nous en
laiſſer la cognoiſſance ſi par noſtre faute, elle viét
à eſtre abolie, nos enfans nous reprocheront &
nous accuſeront deuant Dieu, du tort que nous
leurs ferons de leur auoir laiſſé perdre par noſtre
laſcheté le chemin de ſalut, que ne leurs auons
preparé, faiſons en noſtre deuoir, & laiſſons perir
les meſchâs auec leurs querelles d'eſtat, Dieu ſçait
bien ſur qui il doit faire tomber ſon ſort & y pro-
uoyera quâd il ſera tẽps. Quand les Princes meſpriſent les commandements de Dieu , & ſe moc-
quẽt de ſes faicts admirables, par ce qu'ils ſont de
long temps paſſez, Dieu eſpẽd vn meſpris ſur eux
& les fait errer par lieux deſers, où il n'y a point
de chemin, & renouuelle en eux ſes corrections
afin que ſa parole ſoit accomplie, & pour donner
crainte à la poſterité, nous en verrons bien toſt
l'experience s'il luy plaiſt.
I'exhorte vn chacũ bõ Catholique de ne ſe departir de l'obeiſſance & du deuoir deu à ſõ Dieu, & à
ſa patrie pour embraſſer la mauaiſe cauſe des meſ
chans & reprouuez, & ſe laiſſer aller aux vens de
promeſſes & méſonge des hommes athees & de-

ſloyaux, qui n'ont dequoy donner recompence
s'ils n'oſtent à l'vn pour donner à l'autre, leſquels
eux-meſmes ne viuent que de ce qu'ils volét & rauiſſent à autruy. Aſſuerus auoit accouſtumé d'en-
regiſtrer ceux qui faiſoient quelque acte genereux pour les recompenſer en leur rang ſeló leurs
merites & vaillantiſe, il ne ſe faut plus attendre à
cela, nous ne ſommes plus en vn tel regne, ains au
contraire pluſieurs courent & ſe trauallent, & vn
poltron atheiſte emporte le pris & la recompenſe
de tous. Neron eſt reſuſcité des enfers pour mettre à mort tous les Apoſtres & cheualiers de Ieſus
Chriſt, & tous ceux qui luy ont fait plaiſir & ſeruice. Ce n'eſt plus le cheual qui trauaille, & labou
re l'auoine, qui la mange, ny le chien qui chaſſe,
qui vit à la table de ſon maiſtre, ains ceux qui ne
font rien, & les plus grands flateurs tant des hom
mes que des beſtes brutes ſont les mieux traictez,
il n'eſt plus de gratitude, il ne s'y faut attendre, le
cœur noble ſe peine plus pour faire ce qui eſt de
vertu pour l'amour de la vertu, que pour recompenſe, pource que la vertu porte ſon guerdó quát
& quát ſoy, & les ſeruices ſont retenus par les
hommes ingrats, & deſloyaux, car le propre de
l'ingrat eſt de mandier les plaiſirs & ſeruices quád
il en a affaire, puis en ayant fait, il chaſſe ſes biens-
faicteurs par deffiance & fauces impoſitions qu'il
leur met ſus, ou les faict mourir, en lieu de les recompenſer. Mais le Seigneur qui de rien a faict
toutes choſes, & auquel ſeul elles apartiennét,
creera pluſtoſt vn monde de nouueau ſi celuy cy
ne ſuffit, qu'il ne recompenſe ceux qui de cœur &
d'affection

d'affection s'employeront pour luy : c'est le Dieu bon & liberal qui ne delaisse iamais ceux qui pour son amour sont deuenuz à indigence pour vne vie corruptible que nous employerons pour luy, il nous donnera vne vie eternelle, & pour vn petit de terre, le Royaume du Ciel: deffendôs sa querelle viuement, car il nous payera bien, & prestôs secours à ses lieutenans qui la soustiennent & qui exposent leur vie, pour la tuitió & deffence de nostre liberté, & ne leur manquons non plus qu'ils nous manquent, puis que les tyrans nous font la guerre soubs leur pretexte, changeant tous les iours dé nouueaux suiets & non de nouuelle cause, apres le denoir que nous deuons à Dieu, & à nostre patrie, Dieu nous cômande, & la gratitude, nous oblige de rédre mesme bien & secours à noz bienfaicteurs, côme nous l'auons receu: parquoy quâd bien il n'y auroit guerre contre les Princes Catholiques, ce qui n'est point, mais le but des guerres est d'abastre les chefs pour iouyr du reste, outre le secours que nous leurs deuons, comme à nos prochains & à nos chefs donnez de Dieu, nous sommes tenuz d'abondant d'employer nos biens & nos vies pour eux, si nous nous voulons acquiter de l'obligation que nous leurs sommes redeuables de s'estre plusieurs fois exposez gratuitement, sans que les en ayôs requis, & que l'ayôs merité enuers eux pour nous garentir & deliurer de la tyrannie de Sathan & de ses ministres heretiques & atheistes, sçachez qu'autant de pesans coups qu'ils ont portez sur leurs harnois, autant de poisons qui ont esté pratiquees, autant de con-

D

ſpirations faictes à l’encontre d’eux,& autant de
perils qu’ils ont euadé depuis le commencement
de ces troubles, nous ſont autant d’obligations
de la mort qu’ils ont penſé encourir pour nous,
outre la piteuſe tragedie, & cruauté enragee que
les meurdriers barbares & neronniques ont exer-
cee ſur leur perſonnes. Il eſt impoſſible de recompenſer par argent ou autres biens l’amy qui pour
l’amy hazarde ſa vie, & l’amour ne ſe peut payer
que par amour reciproque, car celuy qui par a-
mour expoſe ſa vie, n’eſpargnera pas ce que ne luy
pourroit de rien ſeruir apres ſa mort: voila com-
ment nous ne pouuons ſatisfaire à ces bõs Princes & à toute la vertueuſe nobleſſe qui eſt auec
eux, ſinon en faiſant pour eux autãt qu’ils ont fait
pour nous. Or c’eſt trop conteſté de parolles, la
verité & la raiſõ ſont aſſez claires & fortes d’elles-
meſmes pour rembarer tous les meſonges & fauces impoſititions que les meſchans & conſpira-
rateurs mettent en auant pour nous diuertir de
l’amitié de ces bons princes & de noſtre deuoir,
afin de les nous oſter, & que les ayant oſtez, ils
nous faſſent renõcer Creſme & Bapteſme,& nous
ſaccagent. Il eſt temps deſormais qu’entrions au
champ de bataille & prenions noſtre croix & ſuy
uions noſtre Capitaine Ieſus Chriſt, & ſes lieutenans qui marchent les premiers & nous apellent
au triumphe.

Philippe Auguſte Roy de France eſtant con-
traint de combatre l’Empereur Othon qui auoit
beaucoup plus de gens que luy, print vne grande
Couppe d’or, laquelle il feit emplir de vin & de

tranches de pain, puis se retournãt vers les Princes & Seigneurs françois leurs dit, vous mes cõ-
pagnons de guerre qui auez le vouloir de viure
& mourir auec moy auiourd'huy, prenez chacun vne de ces soupes de pain trempees en vin &
la mengez ainsi que i'ay fait le premier, & tout à
l'instant la couppe fut vuide. Il donna tel courage à ses gens par le moyen d'vne tant belle exhor-
tation qu'ils se ruerent auec vne si grande fureur
sur leurs ennemis, qu'ils emporterent le victoire.
O Rois, Princes, Seigneurs & peuples Catholiques de toute la terre, serez vous moins fidelles à
nostre bon Roy Iesus Christ qui nous a tant aymé
qu'il a souffert la mort pour nous rachepter des
peines de l'enfer: prestons luy tous le serment que
nous le ferons regner en ce Royaume & deffen-
drons sa querelle de toutes noz forces & de
tous noz moyens, il nous presente le pain du
Ciel, le pain de vie, & le pain des Anges, trempé dans son sang en l'arbre de la croix, & nous se-
mond à le prendre & le manger, pour en vertu d'i-
celuy combatre ses ennemis, luy r'emporter vne
triumphante victoire contre Sathan, & ses sectai-
res, & l'ensuyure à la vie eternelle. Que si le pain
terrestre trempé dans du vin a eu telle force d'e-
mouuoir les valeureux cheualiers françois a embrasser la mort contre toute esperance pour leur
Roy, qui n'estoit qu'vn Roy de la terre, & vn hõme
pecheur, aura moins d'efficace en nous, le pain de
Dieu le pretieux corps & sang de Iesuschrist Roy
du ciel & de la terre nostre roy, nostre chef, nostre
pere & nostre Dieu, qui sera si pusilanime, si lasche

& si poltron que de refuser vne si belle offre, veu que c'est le plus grand bien qui nous puisse arriuer, empoignons donc sa coupe & prenons tous ce vray pain de salut, & ce vray corps de Iesus Christ, puis qu'il nous inuite, & en vertu d'iceluy embrassons nostre croix & la chargeons sur noz espaules comme il a faict le premier, & marchans apres luy, ruons nous sur ses ennemis, taillõs les en piece & luy en remportons vne triumphante victoire. Nous sommes arriuez en vn temps où nous ne deuons craindre autre force que les siennes, ny embrasser autre party. Il est Roy à perpetuité & à iamais, & les gens sont peries de la terre, il vestira Iustice pour cuyrace, & prédra pour armet iugement veritable, il prendra saincteté pour pauois inuincible, & esguisera sõ ire cruelle pour espee, & tout l'vniuers se ioindra auec luy pour cõbatre les insensez. C'est le Dieu des armees qui a creé toutes puissances, & nulle force ne pourra rien contre nous. Les tyrans de la terre ont bien la puissance de faire mourir en vn iour vn milion d'hommes quant au corps, & en toute leur vie ils ne sçauroient donner la vie à vn seul, ny mesme alonger la leur d'vne minute. Mais le Seigneur dõne la vie & la mort eternelle du corps & de l'ame à ceux qui le meritét: Ne craignez point dit-il ceux qui tuent les corps & ne peuuent tuer l'ame, mais plustost craignez celuy qui peut deffaire l'ame & mettre le corps en la gehenne. Partant donnons nous de garde d'estre repugnans à ses commandemens pour obeyr à ceux des tyrãs, si auons plus de respect des hommes que de luy, nous peri-

rons auec les hommes. Ne nous intimidons pour
les menaces, & ne fremiſſôs pour le bruict, le ma-
ling meine grand bruit en ſes tônerres, & toutes-
fois il ne fault qu'vne petite goute d'eau beniſte
pour le chaſſer. La verité eſt la plus forte & ne ſ'e-
ſtonne iamais pour toutes les actions du monde:
eſtans armez de verité, nous ſommes aſſez forts
pour reſiſter aux plus forts. Iamais ne faut quitter
la verité pour chercher paix: cas la paix qui n'eſt
appuyee ſur la verité ne peut eſtre de duree. Voulez vous pas viure & mourir en IeſusChriſt comme vos peres ? Voudriez vous faire accord & fle-
chir le genouil deuant Sathan. Voudriez vous
quitter l'ancienne religion que Dieu a donnee à
voz ayeulx pour dôner cours à vne opinion per-
uerſe & à vn atheiſme des meſchans & abominables. Voulez vous pas enſuyure le vray Pelicand,
Ieſus Chriſt qui ſ'eſt ſeigné du cueur pour nous
guerir de la morſure du Serpent ? Serez vous plus
cruels enuers voz enfans que les Tigres & les beſtes farrouches, leſquels expoſent leurs vies, pour
leurs petits, les laiſſerez vous captiuer à Sathan &
viure toute leur vie ſoubs vne tyrãnie la plus barbare qui ſoit ſur la terre ? aprenez des animaux à
en eſtre ſoigneux, que ſi ne le voulez faire pour l'a-
mour de voſtre ſang, faites le pour ce qu'ils ſont
enfans de Dieu, creez à ſon image & ſemblance.
Si penſez eſpargner vos vies pour les prolôger vn
peu de temps, vous mourrez d'vne mort plus gri-
efue & plus lôgue. Sçachez qu'il vaut beaucoup
mieux mourir au monde & viure eternellemét en
Ieſus Chriſt que viure au monde pour mourir de

mort eternelle auec Sathá, partát reſoluez vous à
deffendre la querelle de Dieu vous tenás aſſeurez,
de la faueur diuine : car il ne veut qu'ayez aucun
appoinctement auec les meſchans, vous voyez les
tyrans au milieu de nous leſquelz ont coniuré de
nous faire mourir tous, nonobſtant toutes les
promeſſes qu'ils ayent faictes, ſi ne nous tenons
ſur nos gardes, & ne nous deffendons viuement.
Vous ſçauez que Dieu eſt l'auteur de ceſte ſaincte
entrepriſe, auquel il fault que nous obeiſſiós, ſi ne
voulons encourir la malediction qu'il a dónee au
cueur failly qui ſera delaiſſé & abandonné au be-
ſoing pour ſa laſcheté. Il a autrefois commandé à
Abraham de ſacrifier ſon fils & iceluy n'en ſachát
l'iſſue ne fit difficulté d'obeir au commandemét,
pour cela Dieu luy preſerua ſon fils & orna la foy
d'iceluy de grands benefices. Ionas craignát la fureur des Niniuites, s'en fuit arriere de la face du
ſeigneur péſant qu'il ne s'en apperceuroit point.
Mais le Seigneur (qui ne voit pas ſeulement les a-
ctions, mais auſſi les penſees des hommes,) eſleua
vn grand vent, & fut faicte grande tempeſte en la
Mer, & Ionas fut ietté au milieu des Vndes & en-
glouty par le grand poiſſon pour auoir delaiſſé le
commandement de Dieu pour la crainte des hó-
mes. Sainct Pierre ſe deffiant de la puiſſance de
Dieu enfonça dans les eaux : puis que nous ſommes en meſme eſtat, nous deuons perſeuerer en la
foy d'Abraham auec certaine eſperance que Dieu
nous aydera, & luy laiſſer l'euenemét de la choſe.
Car ſi nous craignons la rage des tyrans, & dou-
tons du ſecours diuin, nous perirons, Dieu nous

peut faire mourir par infinis autres moyens, que
la guerre. Il n'y a doute que si nous faisons noſtre
deuoir, tout viendra à ſouhait, & verrons, à l'œil
le ſecours diuin, qui nous aydera, & ſaccagerons
tout autant d'ennemis qui viendront la vertu du
Seigneur n'abandonne iamais ceux qui le cer-
chent. Il a promis pluſieurs fois d'ayder les miſe-
rables, & accabler les meſchans, ce qui nous ap-
partient proprement : car nous ſommes pauures
& chetifs, & les tyrans nous font la guerre de noz
deniers, & de noz moyés qu'ils no' on oſtez, mais
parce que nous deſirons retenir & accroiſtre l'hó-
neur & la gloire de Dieu, nous ne deuons douter
de la victoire & heureuſe iſſue, ils ſe nomment
nos Princes, noz Gouuerneurs & nos Iuſticiers,
mais ce ſont vrais tyrans : car ils n'ont ſoing d'vn
ſeul de nous, ains eſpuiſent tous nos biens, & les
engloutiſſent en toute meſchanceté, ils nous de-
çoiuent par vne hypocriſie, & ſe deſguiſent en
Ange de lumiere comme Sathá, pour nous trom-
per. Les grands maux ont commencemens bien
feins, & contrefaits comme maſquez, ſucrez cóme pilules, & dorez comme rubarbe, & n'en ap-
perçoit on rien que bien tard, & qu'ils n'ayét por
té grand dommage, nous le voyons par les depor-
temens, trahiſons, deſloyautez, & perfidies de
ces tyrans & barbares, leſquels depuis le temps
qu'ils ont cóceu noſtre ruyne en leur eſprit, n'ót
rié fait, ſoit en paix, ſoit en guerre, que pour nous
apauurir & ruiner. Ils nous ont fait payer leurs
mariages & feſtins, & nous en ont fait rongé les
os, ilz ont danſé & balé au ſon de nos clameurs

& ont yurongné de l'abondance de nos sueurs &
de nos larmes, ils se sont esiouys de nos douleurs
& se sont enrichis, de nos moyens & de nos la-
beurs,&nous ont reduits côme en vn enfer pour
acheter des lieux de plaisance & des paradis en
ce monde.

Anciennement entre les peuples que Dieu s'e-
stoit choisi particulierement, il estoit par luy or-
donné que les Roys ne feissent despense inutile
& leur cômandoit de lire les loix qu'il auoit con-
stituees. Auiourd'huy que font nos tyrãs?à quoy
passent ils le temps? ils ne veullent plus gouuer-
ner,ains tyrãniser, ils estiment que la republique
ne leur touche en rié, & ne s'informét des causes
des pauures miserables: Ils n'ôt soin de la iustice,
souffrent les brigands parmy eux, & ne punis-
sent les voleurs, & ne donnent ordre aux autres
forfaits,ains donnent puissance de rauir & dero-
ber pour de l'argent, ils ne soulagent en rien les
orphelins & les veufues, & ne leur chaut que le
peuple soit instruit en la crainte deDieu,non seulement ils n'auancent l'honneur de Dieu, mais
aussi l'empeschét, & n'ont autre pensément, sinõ
d'attirer à soy les biens detous : parquoy ils in-
uentent iour à autre nouuelle façon d'atraper de-
niers& n'ont cure de nourrir & entretenir la paix
ains se veautrent & se plongent en toute espece
de superfluité & d'orgueil, on sçait trop bien
quelle guerre & troubles ils entretiénent & no°
suscitent tous les iours,ils nous ont fait payer nos
ennemis & tous les fraicts de la guerre, & n'ont
point combatu,ils ont leué de grandes armees &
de grans

de grās deniers , faisant semblāt que c'estoit pour
nous deffendre, & c'estoit pour nous acheuer de
ruyner & engloutir tout ce qu'auōs de reste, non
point pour enuie qu'ils eussent de cōbatre pour
la querelle de Dieu , & pour la liberté & repos de
la patrie : ils baisent Iesus Christ cōme des Iudas,
& amassent de grādes armees à ses fraicts pour a-
bolir sa religion & sa memoire, ce sont les vertus
heroiques de noz tyrās & leur beaux exercices or-
dinaires : parquoy il ne faut que nous estimions
ces choses deuoir prendre plus long traict & que
Dieu les endure cy apres . Il se fault asseurer qu'il
les traictera de mesme que les Cananeans par luy
exterminez , leurs tyrannies se pourroient tolle-
rer pour quelque temps , mais en ce qu'ils soub-
stiennent, nourrissent & deffendent l'horrible &
execrable impieté des Heretiques , il est impossi-
ble qu'ils puissent demourer plus lōg temps im-
punis. Prenons donc courage & depeschons ceste
multitude de tyrans, auec les autres , sçachāt bien
qu'en ce faisant nous accōplirons le vouloir de
Dieu, car les pechez enormes qu'ilz commettent,
leur atheisme , l'Iniquité , la Tyrannie , & les op-
pressions qu'ils font au peuple, ne sont moins des-
plaisantes à Dieu que l'Heresie, ostōs les tous sans
en reseruer vn seul, ny des Heretiques ny des Tyrans Atheistes : car ce n'est que renouueller le mal
qui n'oste la racine, & ne faut qu'vn œuf puant
pour en gaster vn cent de bons & de frais. De faire apoinctement auec eux, ie n'apperçois moyen
ny assez seur, ny assez honneste, par ce qu'ils ne

changerontiamais de fantafie, &ne nous rédront
iamais noftre liberté ny le feruice diuin : parquoy il nous côuiét pluftoft mourir qu'approu-
uer leurs tyrannies& nous laiffer arracher noftre
religion.Nous ne pouuôs faire aucû accord auec
eux, que ne confentiós à leurs mefchácetez, & ne
foyons traiftres à ceux qu'en cefte mefme querelle font morts pour nous. En effet ie vous affeure
que fi nous allons de cœur & d'affectiô,que Dieu
nous aydera , & que la victoire nous demeurera.
Vous fcauez qu'a fait Gedeô auec fa petite trou-
pe,Ionatas auec fó feul coutelier:qu'a fait Dauid
tout feul auec cefte groffe maffe de chair contre
ce monftre Goliad , qui efpouuentoit vn chacun de fon feul regard?& pour ne vous alleguer
chofe arriere de nos ans, vous auez veu deuant
vos yeux la grande victoire miraculeufe que Dieu
a obtenue ces iours paffez contre fes ennemis par
fon Lieutenant, ce grand pere & protecteur du
peuple Catholique (que Dieu abfolue) lequel
ayant mis tout fon appuy & fon efpoir en Dieu
feul,a creu,& s'eft expofé luy & les fiens,auec vne
petite poignee d'hommes contre vne fi puif-
fante armee qui faifoit tout trembler, & nous
a deliurés contre toute efperance humaine &
fans perte d'hommes (combien qu'à peine e-
ftoient ils vn pour vingt)voire mefme que tous
ceux qui ont eu afpect à la terre, aux honneurs &
grandeurs du monde, & tous les craintifs & cou-
ards, s'eftoient departis & s'en eftoiét allez comme par permiffió diuine, & n'eftoiét reftez qu'vn

bien petit nombre de ceux qui ont esté constans,
& que Dieu auoit choisis pour soustenir son hõneur, ne voulant estre seruy de ceux qui ne com-
batent & ne le seruent de bon cœur, il n'a voulu
que les enfans d'Abrahã ayét esté sacrifiez,ains les
bougs: Vous auez veu dernierement ce grand mi
racle fait en vostre ville de Paris la iournee des
barricades,& cõme Dieu a preueu à nos dangers,
& a fait q̃ la pluspart des bourreaux qui estoient
deputez pour no' couper la gorge, ont embrassé
nostre party & cõbatoient pour nous,voila com
ment Dieu donne tousiours victoire aux siens,
combien qu'ils soient les plus petis de nombre &
de forces humaines , moyennant qu'on espere
tousiours en luy, & qu'on n'abbuse point de ses
puissances quand il donne main forte, qui est la
seulle cause pour laquelle il no' punit,parce qu'il
n'entendoit faire misericorde aux meschãs,com-
me nous auons fait , & se faut encor asseurer que
si en laissons eschaper pas vn ,qu'il nous delaisse-
ra tout à fait : il ne se faut desesperer pour ce
coup , car ie ne doubte point que puis qu'il a
posé le fondement de cest œuure, qu'il ne pour-
suyue son ouurage iusques à la perfection, mau-
gré la resistance &les efforts des meschãs.Croyez
que si nous nous assemblons tous & demeu-
rons fermes & constans en ceste bonne resolutiõ
que nous ferons de beaucoup plus grands ex-
ploits que ceux qui ont esté faits cy deuant, &
que toutes les forces de sathan & du monde fon-
dront deuant nous,comme la neige deuãt le So-

leil : fremiſſe & enrage ſathan tant qu'il voudra,
Dieu nous eſt vne fortereſſe & vn bouleuard im-
prenable: il a pris les armes & combat pour nous
& ne peut faillir d'auoir le triumphe & la victoire,
& quand ores ceſte machine du môde ſeroit toute comble de diables, nous ne deuôs auoir peur,
ains attendre ſeurement vne bonne iſſue, le Ciel
& la terre faudront pluſtoſt que ſoyons abãdon-
nez de Dieu ſi nôus faiſons noſtre deuoir: en cas
pareil la nature de la mer a eſté changee afin que
les Iſraelites euadaſſent le peril, lors que le tyran
Pharaon les pourſuyuoit : en cas pareil Dieu a
enuoié ſon Ange du Ciel qui fit paſſer au tren-
chant de l'eſpee pour vne nuit, cent quatre vingt
cinq mil hommes , és tentes d'Aſſeur : en cas pareil Ioſué a commandé au Soleil & à la Lune de
s'arreſter , & ils demeurerét coy au milieu du ciel
par l'eſpace d'vn iour entier iuſques à ce que le
peuple ſe fuſt vãgé de ſes ennemis, autrefois Dieu
a fait deſcendre du feu & des cailloux du Ciel
pour les maſſacrer, & a deſmantelé les villes pour
ne leur ſeruir de reétraite , & par autres infinis
moyens il a deliuré ſon peuple de l'oppreſſiõ des
meſchans; ayons confiance en luy, & il liurera encor ces abominables atheiſtes entre nos mains:
leur force ſera auſſi foible aupres de la vertu & la puiſſance inſupportable de Dieu , que
pots de terre contre la maſſe de fer, ils deuiendrôt
craintifs en penſant à leurs pechez, & leurs enor-
mitez viendront au deuant pour les conuaincre,
l'eſprit de vertu leur ſera contraire & les ſecoura

comme vn torbillon de vent, & malheur renuer-
sera les trofnes des puiſſans. Ils ſont mal fondez &
ne peuuét durer plus long temps, leur conſciéce
leur eſt vn borreau, & la verité les eſträgle, le Ciel,
la terre, tous les Elemens & toute la court celeſte
ſont bandez à l'encontre d'eux, & ne les peuuent
plus ſouffrir, ils n'ont plus aucun lieu de retraicte
aſſez ſeur pour ſe cacher de l'ire de Dieu, & ont mis
leurs ames à la mercy de ſathan, la force les quitte,
& la peur les a ſaiſis, & ſont pres de tomber à la
réuerſe, ils ſentét leurs deſſeins à plein recogneuz,
leurs entrepriſes deſcouuertes & leurs conſpira-
tions decellees, & né ſçauét plus que dire, ils ſont
effrayez & ne ſçauent plus où ils en ſont, ie deſire
qu'ils ſoient d'auantage eſpouuentez. Que tardós
nous plus à les accabler? attendons nous qu'ils
ayent repris leurs eſprits & donné ordre à leurs
affaires pour nous donner plus d'empeſchement?
ou ſi attendons que Dieu les prenne par les pieds
& leur caſſe la teſte contre vn rocher, & leur face
ſortir la ceruelle ſans qu'y mettiós la main? eſt-ce
point aſſez qu'il nous promet ayde & ſecours? ou
ſi attendons qu'eux-meſmes ſen viennent la cor-
de au col & commandent qu'on les pende & face
mourir: ſi nous attendons ces choſes, nous aurós
bien toſt perdu noſtre cauſe: partant ruons nous
ſús viuemét pendant qu'ils ſont en effroy & que
l'infamie de leurs trahiſons deſcouuerte leur tiét
le cœur ſaiſy, & ſont encore eſperdus: car ſi nous
leurs donnons du temps le moins du móde, tout
auſſi toſt ils ſe raſſeureront cóme meurdriers &

nous feront pis que ils ne feirent iamais.

O Princes Heroiques qui tãt auez esté soigneux de vostre patrie, & des pauures Catholiques, qui les auez tousiours secourus en leur necessité, sans vous en auoir requis, ne les abandonnez à present de vostre secours, vous n'auez esté en rien satisfait de tant de biens qu'ils ont reçeu de vous, de leur auoir cõserué leurs biés, leur religiõ, & leurs vies iusques à present, au peril & hazard de la vostre. Mais quoy? que peut dõner l'enfant à son pere digne de recompense ? Helas ! le pauure peuple se iette à vos pieds, seruez luy encor à ce coup de pere, & Dieu sera le vostre, poursuyuez chaudemét ceste saincte resolution qu'auez faicte de restablir l'honneur de Dieu & le repos public. Vous auez tousiours esté constant & inuincible en vos resolutions, si vous faisiez autrement, vous auriez acquis plus de blasme en vos victoires que de louãges. Ce n'est vostre coustume d'estre manc en vos vertus, poursuyuez iusques au dernier periode, & purgez le royaume de tous ces meschans & abominables atheistes, qui ne cessent de le troubler & ruyner. C'est à vous comme à nous que lon en veut: car les meschans sçauent bien qu'ils ne viendront iamais à bout de nous tãt que viurez. Pour ceste cause ils ont tousiours conspiré la ruyne de vostre illustre maison, & l'eussent entieremét ruynee, si elle n'eust esté soustenue & appuyee de Dieu. Dieu enuoye quelquesfois des afflictions pour aduertissemens, paraduenture il vous afflige pour vous faire prendre garde a vous mesme, afin

de ne vous perdre , & ne vous plus fier ny confe-
derer auec les meſchans,& pour vous encourager
à les accabler próptemét, ne perdez courage pour
toutes afflictiós & deliberez de les exterminer sãs
plus differer, que ſi voz moyens ſónt petits pour
ce faire , l'equité de voſtre patrie & le dol de vos
ennemis doit accroiſtre voſtre eſperance, & cóba
tans pour la cauſe de Dieu, vous ne deuez douter
qu'il ne ſoit pour vous,que s'il eſt pour vous,qui
vous pourra vaincre? C'eſt luy qui eſt le grand
Dieu des batailles, & qui peut triumpher de tous
ſes plus forts ennemis, auec des poux, des mou-
ches,& des ſauterelles : c'eſt luy qui dópte ordi-
nairement la puiſſance par la foibleſſe,& les choſes hautes par les baſſes,& les grandes par les pe-
tites. Voudriez vous qu'à voſtre occaſion il chan-
geaſt maintenant ſon ordre? Il nous cómande à
tous pour ſouſtenir ſon honneur de cóbatre iuſques à la mort, auec certaine foy & eſperáce qu'il
nous aydera. Outre l'equité de la cauſe, la necef-
ſité vous arme,& le peril qui vous menace, vous
doit rendre fermes& conſtans à la pourſuitte d'vn
ſi bon œuure: que ſi vous demeurez conſtans, fermes & reſolus , vous ſerez à iamais louez & eſti-
mez d'auoir eſté en ce temps perilleux, les pro-
tecteurs, le fondement, la colomne, & l'appuy de
toute l'Egliſe, & les peres du peuple & vangeurs
des iniures faictes à Dieu & à voſtre patrie. Quel
bon heur aurez vous, quel malheur n'aurez vous
de vous eſtre bien reſoluz ſi ne demeurez fermes
& conſtans? Celuy la perd ſon temps de courir le-

gerement , qui deuant qu'arriuer au bout de la
carriere se lasse. C'est la constance & le labeur
assidu qui obtient la victoire de toutes choses:
supportez patiemment ces aduersitez, & les autres apres vous seront moins pesantes. Monstrez
que la pieté a seulle assez de force, pour surmôter
toute misere, & gardez que le iugement de vostre raison ne vous esbranle, ou quelque espece &
ombre de peril qui se presente ne vous effraie, ains
ruez vous viuement sur ces pestes heretiques, ces
traistres & conspirateurs de ce Royamme, ces tyrans & barbares politiques , & les taillez tous en
pieces, ne vous intimidez pour leus armes, car le
Seigneur receura les coups en sa personne & vous
végera: si vous mourez, vous estes sauuez & meri-
tez deuant Dieu: sans point de doubte les hômes
magnanimes ont aprins de mourir plus tost libres
& frãs, que serfs & auec ignominie: que si c'est cho
se deshôneste & miserable de soy deseruir au plaisir desordonné d'autruy, il vous doit sembler tres-
grief de porter le ioug de ceux qui ne sont veuz
estre accomparagez à vous, ny en vertu ny en pro-
üesse, ny en aucun bien, & du tout ceux qui sem-
blent estre neez à la douleur, misere & degast du
peuple: mieux vault mourir en honneur que viure
en hôte & infamie. Parquoy vous deuez plus-tost
mourir que de quitter vn seul point de ce qui vous
peut tourner à deshonneur, nous esperons que
par vous, l'honneur de Dieu, la verité, la iustice &
toutes les vertus rentreront en leur place & cre-
dit, si demeurez fermes.

O tres-

O tref-vertueufe nobleffe Catholique, voulez
vo' pas releuer les vertus heroiques des fepulchres
de voz peres? ferez vous fi lafches de cueur que de
degenerer à voz ayeulx qui ont paffé outre les
mers pour planter la foy & religion Catholique,
au milieu des payens & farrafins & font morts pour
fouftenir l'honneur de Dieu? voudriez vous eftre
maintenant confpirateurs, auteurs & fauteurs de
la ruine de voftre patrie? voudriez vous mettre en
hazard voz biens, vos vies, voftre hōneur & voftre
falut pour vous diffamer vous-mefmes & toute
voftre pofterité à toufiourmais & vous rendre ef-
claues de fathā? voudriez-vous eftre l'abominatiō
& l'opprobre de ceux qui viendrōt apres vous &
que l'on die de vous à perpetuité, ils font morts
les vilains pour la ruyne & defolation de leur patrie, pour donner confort & ayde aux mefchans
& tyrans, & pour foubftenir la querelle de Sathā?
fçachez que fi le faictes, vous ne pouuez euiter
vne grande infamie, & vne perdition & damnatiō
eternelle. Remarquez tous les vilains traitres, à
Dieu, & à leur patrie, & qu'a l'aduenir ils foient
penduz & attachez aux places publiques par toutes les villes de la France, & foient declarez rotu-
riers, vilains, traiftres & deflloyaux, & retrāchez du
liure des nobles: q̃ toutes les villes qui ne tiendrōt
le party des Catholiques, foiēt remarquées pour
retraitte des tyrās, & des brigands, & q̃ les habitās
d'iceles foiēt reputez comme voleurs, & receleurs
de voleurs, & ne leur foit faite aucune mifericor-
de, fi auez le cœur noble, vous mourrez plus toft
que fouftenir vn acte vilain, & defnier ce qui eft

deu à l'honneur & à la vertu. La vertu a fait les
Princes & les nobles, & les gestes heroiques de
leurs ancestres & deuaciers, car au reste nous sommes tous enfans d'Adam de peché & de mort: pour
garder donc sa principauté & sa noblesse, il faut
viure vertueusemét & bannir les trahistres & meschans comme horribles & abominables à tout
cœur genereux : si voulez succeder à la noblesse
de vos peres & laisser vos enfans nobles, il faut
que les ensuyuiez en leurs vertus & prouesses, autrement vous n'estes plus nobles, ains imfames de
laisser perdre vne tant belle noblesse qu'ils auoiét
acquise pour vous & pour les vostres, au pris de
leur sang, & peril de leurs vies. La vraye noblesse
ne procede point generatiuemét des hommes,
ny des richesses, ains de vertu : ce qu'ayant re-
marqué l'Empereur Maximilian, fit respócé à vn
riche qui le requeroit d'estre annobly, disant, qu'il
auoit des richesses assez pour entretenir l'estat de
noblesse : ie te puis faire beaucoup plus riche que
tu n'est (dit-il) mais ie ne te puis faire noble, il faut
que tu acquierre cest honneur par ta propre
vertu.

Or voicy le temps auquel vous pouuez aprou-
uer, confirmer & agrandir vostre noblesse, & acquerir vne gloire immortelle, & vn honneur pour
vous & pour les vostres qui ne mourra iamais:
toutes les richesses du monde ne sont suffisantes
pour vous acquerir vn tel honneur, vous sçauez
qu'il n'y a rien si certain que la mort, ny plus incertain que l'heure d'icelle, soit tost, soit tard, soit

en guerre, foit en paix, il faut mourir tous, & né
gaignôs que l'atête, mais mieux vaut bien q̃ mal,
que fi permettez qu'vn heretique impie, vn cruel
tyrand & barbare empiete fur vous, il vous fera
mourir cruellement, & priuera voz femmes &
voz enfans de tous moyens & de leur falut, voftre
mort fera ruyneufe & digne de blafme, en lieu
qu'elle peut eftre meritoire & honorable : ne craignez point : celuy pour lequel vous combatez,
vous garentira, & quand bien y demeurérez, vous
ne deuez auoir aucun regret, mourant pour le falut & la liberté de voftre patrie, de vos femmes &
de vos enfans. Il faut vaincre ou mourir pour la
deffence de la liberté (difoit Caton) il faut vaincre
ou mourir pour fouftenir l'honneur de Dieu & fa
verité, dit vn bon feigneur grand Catholique,
laiffez ces exemples à voz enfans pour leur feruir
de memoire qu'auez fait cecy pour eux : pour
deux ou trois ans ou paraduéture vn mois ou fix
fepmaines que viurez d'auantage pour ne vouloir
mettre voftre vie en hazard, la memoire de vous
en fera effacee & n'en fera on plus de mention, là
où fi faictes voftre deuoir, Dieu vous alongera
vos iours auec honneur & gloire, & ferez à iamais
retrouuez viuans dedans les liures entre les mains
des Roys, des Princes & vaillans cheualliers qui
vous honorerõt & cheriront pour vos vertus: vo°
feruirez de louange à vos enfans, & de mirouer
à toute voftre pofterité : vous rauirez les cœurs
des hômes genereux, & ferez toufiours viuãs en

leur penſee comme vrais champions & hommes
heroiques.

O que pluſieurs deſireront auoir eſté en ce mi-
ſerable ſiecle, nõ pour voir les miſeres qui y ſont,
mais pour ſe raſſaſier du deſir qu'ils aurõt de con-
tépler à plaiſir la generoſité, & les faits heroiques
des braues Capitaines qui s'y trouueront.

Le gentil-homme qui crainct Dieu & deſire
l'honneur, ne regarde pas s'il y va de ſa vie ny de
ſes biens, ains s'il y va de l'honneur de Dieu, du
repos de ſa patrie, de ſon ſalut, & de ſon honneur.
Mais le vilain craint la deſpence, & tend à la recompence: l'Aſne fait plus de compte d'vn boi-
teau de foarre que d'vn lingot d'or, auſſi l'ambi-
tieux inſatiable qui ne ſçait ǯ c'eſt de nobleſſe ny
vertu ſe renge du coſté qu'il penſe y auoir à mor-
dre, & fait plus de compte d'vn vilain lucre, que
de l'honneur, il vendra ſa nobleſſe & ſon hõneur
qui ne ſe peuuent payer pour tout l'or du monde,
pour vne piece de pain.

Nobleſſe vertueuſe, ne vous laiſſez aller legere-
ment au vent de promeſſes, & ne quittez le vray
honneur pour l'infamie. Le vray honneur mili-
taire ne conſiſte pas à tuer & eſgorger ſans raiſon,
comme fait l'heretique, & le barbare atheiſte: le
Lion & le Tigre en font bien autant, mais à combatre pour l'honneur de Dieu, & pour la iuſtice
& qui en fait autrement, il eſt barbare & meſchãt,
tant plus l'homme ne ſouſtenant vne mauuaiſe
cauſe, tant plus il eſt infame & vilain : car celuy
ſeul eſt digne d'honneur qui combat pour ſouſte-

nir l'honneur de Dieu & sa iustice: n'engagez dõc
voftre honneur pour vne vaine esperance de par-
uenir aux grandeurs du monde, ny ou de prolon-
ger voz vies par vne couardife & poltronerie:car
ce n'eft honneur au gentil-homme d'auoir de
grands moyens, & auoir la barbe blanche s'il n'a
obtenu aucune victoire, ny fait aucune proüeffe
pour l'honneur de Dieu, & pour la deffenfe
de fa patrie. Combatez pour le Ciel &
non pour la Terre, & Dieu vous fera la
grace d'auoir la iouiffance de tous
les deux, Ainfi foit il.

F ii

Reiette l'homme heretique, apres la
premiere & secóde admonition,
sçachant que celuy qui est tel est
renuersé, & qu'il peche estát co-
damné par soy mesme.a Tite 3.c.